나를 단단하게 만드는
저녁 한 문장 필사

나를 단단하게 만드는
저녁 한 문장 필사

김한수 지음

하늘아래

나를 단단하게 만드는 행복한 저녁을 마무리하며

Life always offers you a second chance, is called tomorrow.
삶은 늘 두 번째 기회를 준다. 그리고 우리는 그 기회를 내일이라고 부른다.

저녁이 찾아오면 우리는 하루 동안의 경험을 되새기며, 삶의 크고 작은 순간들을 반추합니다. 실수와 아쉬움, 기쁨과 성취를 모두 품고 하루를 마무리하며, 고요 속에서 내일이라는 새로운 시작을 기대합니다. 내일은 우리에게 주어진 소중한 선물이자, 더 나은 자신을 만들어갈 기회의 순간입니다. 하루를 돌아보고 나를 돌아보는 이 시간은, 우리의 삶을 더욱 풍요롭게 만드는 중요한 과정입니다.

오늘의 나와 내일의 나는 분명 다른 모습일 것입니다. 이 변화의 과정은 삶의 의미를 깊이 탐구하는 철학적 여정과도 같습니다. 우리가 어떤 선택을 하고 어떤 길을 걷느냐에 따라 삶의 방향은 달라집니다. 그러므로 저녁은 단순한 하루의 끝이 아니라, 내일을 준비하고 성찰하는 중요한 시간입니다. 이 고요한 순간에 우리는 필사와 내면의 대화를 통해 희망의 씨앗을 심고, 더 나은 내일을 향해 마음을 다듬을 수 있습니다.

인간의 삶은 과거의 기억, 현재의 경험, 그리고 미래에 대한 기대가 얽혀 만들어지는 서사시와도 같습니다. 저녁의 고요 속에서 우리는 이러한 순간들을 돌아보며 자신을 재발견하고, 존재의 의미를 성찰합니다. "나를 단단하게 만드는 저녁 한 문장 필사"는 이 성찰의 과정을 독자 여러분과 함께 할 것입니다.

이 책은 세계적인 철학자와 문학가들의 명언과 명문장을 모아, 그들의 깊은 사유와 감정을 필사를 통해 독자들과 나누고자 합니다. 필사는 단순히 글을 따라 적는 행위를 넘어, 삶의 의미를 되새기고 내면의 질문에 답을 찾는 성찰의 과정입니다. 손끝에서 새겨지는 문장들은 단순한 글자가 아닌, 깊은 통찰과 사유의 출발점이 될 것입니다. 손으로 문장을 쓰며 그 의미를 곱씹는 과정은, 우리 삶에 내재된 철학적 가치를 되살리고, 존재의 깊이를 탐구하는 계기를 제공합니다.

이 책이 저녁의 고요함 속에서 여러분이 스스로와 대화하며 마음을 단단히 다지고, 나와 타인, 그리고 세상과의 관계를 새롭게 바라보는 기회가 되기를 바랍니다. 필사를 통해 우리는 존재의 의미를 더욱 깊이 이해하며, 내일의 나를 준비하는 힘을 얻을 수 있습니다. 더 나아가, 필사는 우리의 생각을 정리하고 마음을 정돈하며, 삶에 대한 관점을 확장하는 도구가 될 것입니다.

내일은 또 다른 시작입니다. 이 책이 여러분의 저녁을 풍요롭게 하고, 철학적 사유가 삶의 디딤돌이 되어 더 단단하고 품위 있는 행복을 만들어 가시길 기원합니다. 저녁의 고요 속에서 새롭게 태어난 내일을 준비하며, 이 책이 여러분의 삶에 깊은 울림과 변화를 가져다주기를 희망합니다.

"마술은 내 마음에 있다. 내 마음이 지옥을 천국으로
만들 수도 있으며, 천국을 지옥으로 만들 수도 있다."

———

에머슨

차례

I
집으로 돌아가는 길에

상실의 경계를 넘어
자기 발견의 여정

노동 뒤의 휴식이야말로
가장 편안하고 순수한 기쁨이다

~

칸트

"후회는 선으로 나아가려는 의지의 시작이다"

후회란

자기 속에 뿌리박은 모든 악을 거절하는 것이며,

마음을 정화하려는 것이며, 마음을 선한 쪽으로

바로 잡으려는 준비를 의미한다.

톨스토이 *Leo Tolstoy*

(러시아 사상가 겸 소설가)

* 나의 감정 상태

* 단단한 저녁을 위한 한마디

11

"행복은 내면의 평화와 세상과의 조화에 있다"

행복한 사람은

세상과의 관계에 있어 분열을 만들지 않는다.

행복한 사람은 인격이 분열되지 않고

세상과 대립이 없는 사람이다.

자신을 우주의 일원으로 생각하며

우주의 모든 아름다움과 기쁨을

자유로이 즐길 수 있는 사람이다.

러셀 *Bertrand Russell*

(영국의 철학자 겸 수학자)

* 나의 감정 상태

* 단단한 저녁을 위한 한마디

"거짓에 동조하면 더 많은 거짓이 생긴다"

어떤 허위라도 동조해서는 안 된다.

그 때문에 한층 더 많은 허위를

마음속에 갖게 되기 때문이다.

G. E. 레싱 Gotthold Ephraim Lessing

(독일 극작가 겸 철학자)

* 나의 감정 상태

* 단단한 저녁을 위한 한마디

"삶을 긍정적이고 희망적으로 바라보라"

삶을 사는 데는 단 두 가지 방법이 있다.

하나는 기적이 전혀 없다고 여기는 것이고

또 다른 하나는 모든 것이 기적이라고 여기는 방식이다.

아인슈타인 *Albert Einstein*

(독일 물리학자)

* 나의 감정 상태

* 단단한 저녁을 위한 한마디

Day

5

"하루가 힘들어도 긍정적으로 마무리하라"

하루를 마친 저녁에는 항상 긍정적인 생각을 하라.

오늘이 아무리 힘들었더라도 말이다. 왜냐하면

더 나은 삶을 위한 기회가 내일 찾아올 것이기 때문이다.

해리 딘 스탠튼 *Harry Dean Stanton*

(미국 배우)

* 나의 감정 상태

* 단단한 저녁을 위한 한마디

"편안한 마음으로 내일을 준비하라"

저녁이란 휴식을 취하고, 미소를 짓고,

내일 다가올 모든 전쟁을 준비하기 위한 아주 멋진 기회다.

앨런 긴즈버그 *Allen Ginsberg*

(미국 시인)

---

* 나의 감정 상태

* 단단한 저녁을 위한 한마디

"타인의 처지를 이해하고, 자신의 행동을 반성하라"

자기를 다른 사람의 처지에 놓아보면

남에게 느끼는 질투나 증오가 없어질 것이다.

또 다른 사람을 자기의 처지에 놓아보면

거만이나 자아도취가 많이 줄어들 것이다.

괴테 *Johann Wolfgang von Goethe*

(독일 철학자 겸 작가)

* 나의 감정 상태

* 단단한 저녁을 위한 한마디

CHAPTER 1

"사소한 일에 흔들리지도, 의지하지도 말라."

사소한 일이 우리들을 위로하여 준다.

마치 사소한 일이 우리들을 괴롭히는 것처럼.

파스칼 *Blaise Pascal*

(프랑스 수학자 겸 철학자)

---

* 나의 감정 상태

* 단단한 저녁을 위한 한마디

Day

9

CHAPTER 1

"반성 없는 경험은 무의미하다"

회상과 반성만 풍부하고 경험이 적은 삶은 한 페이지에

본문은 두 줄뿐인데 주석이 사십 줄이나 되는 책과 같고,

반대로 회상과 반성은 거의 없고 경험만 있는 삶은

본문만 있고 주석이 없어 뜻을 헤아릴 수 없는 책과 같다.

잠자기 전에 그날의 일을 반성하라.

쇼펜하우어 *Arthur Schopenhauer*

(독일 철학자)

26

* 나의 감정 상태

* 단단한 저녁을 위한 한마디

"부정적 감정을 버리면, 내면의 평화가 찾아온다"

물은 물결이 일지 않으면 스스로 고요하고,

거울은 흐리지 않으면 스스로 맑다.

마음도 이와 같아서 흐린 것을 버리면

맑음이 저절로 나타날 것이요,

즐거움도 구태여 찾지 말 것이니

괴로움을 버리면 즐거움이 저절로 있을 것이다.

채근담 菜根譚

(홍응명이 저술한 철학서)

* 나의 감정 상태

* 단단한 저녁을 위한 한마디

"잘못을 고치는 것을 부끄러워하지 말라"

잘못을 부끄러워하라.

그러나 그 잘못을 고치는 것은 부끄러워하지 말라.

루소 *Jean-Jacques Rousseau*

(프랑스 철학자)

* 나의 감정 상태

* 단단한 저녁을 위한 한마디

"타인을 내 몸처럼 소중히 여기고, 먼저 베풀어라"

다른 사람을 대할 때

그 사람의 몸도 내 몸같이 소중히 여기라.

내 몸만 귀한 것이 아니다. 남의 몸도 소중하다는 것을

잊지 말라. 그리고 네가 다른 사람에게 바라는 일을

네가 먼저 그에게 베풀어라.

공자 孔子

(중국 춘추시대 학자)

* 나의 감정 상태

* 단단한 저녁을 위한 한마디

"거만은 우월감에서 오는 잘못된 기쁨이다"

거만은 인간이 자기를 남보다 뛰어니다고 생각하는

잘못된 견해에서 생기는 기쁨이다.

스피노자 *Baruch Spinoza*

(네덜란드 철학자)

* 나의 감정 상태

* 단단한 저녁을 위한 한마디

"거만은 파멸을 부르고, 슬픔을 남길 뿐이다"

인간은 거만한 생각을 품지 말아야 한다.

거만은 꽃을 피우고, 파멸의 이삭을 열게 한다. 그리하여

열매 맺는 가을이 오면 그칠 길 없는 눈물을 거둔다.

아이스킬로스 *Aeschylus*
(고대 그리스 극작가)

* 나의 감정 상태

* 단단한 저녁을 위한 한마디

"사랑과 역경이 성장의 원천이다"

나무에 가지치기 하는 것은 나무를 사랑하기 때문이다.

부모에게 야단을 맞지 않고 자란 아이는

똑똑한 사람이 될 수 없다. 겨울의 추위가 심할수록

오는 봄의 나뭇잎은 한층 푸르다.

사람도 역경에 단련되지 않고서는 큰 인물이 될 수 없다.

프랭클린 Benjamin Franklin

(미국 정치인 겸 작가)

* 나의 감정 상태

* 단단한 저녁을 위한 한마디

"좋은 마음가짐은 매일 새겨야 잊히지 않는다"

우리의 마음도 한 번 반성하고 좋은 뜻을 가졌다고 해서
그것이 늘 우리 마음속에 있는 것은 아니다. 어제 품은 뜻을
오늘 새롭게 하지 않으면, 그것은 곧 우리를 떠나고 만다.
그렇기 때문에 어제의 좋은 뜻은
매일 마음속에 새기며 되씹어야 한다.

M. 루터 *Martin Luther*
(독일 신학자 겸 종교 개혁자)

* 나의 감정 상태

* 단단한 저녁을 위한 한마디

"진정한 적은 외부가 아니라, 내 마음속에 있다"

진정 우리가 미워해야 할 사람이

이 세상에 흔한 것은 아니다.

원수는 맞은편에 있는 것이 아니라,

막상 내 마음속에 있을 때가 많다.

알랭 *Alain*

(프랑스 철학자 겸 작가)

* 나의 감정 상태

* 단단한 저녁을 위한 한마디

"슬픔에 휘둘리지 말라"

많은 사람들은 자기의 만족을 잃게 되는 것을
아주 슬픈 일이라고 생각한다. 그러나
기쁨을 아는 동시에 그 기쁨의 이유가 없어진 때,
슬퍼하지 않는 사람만이 옳은 사람이다.

파스칼 *Blaise Pascal*
(프랑스 철학자 겸 수학자)

* 나의 감정 상태

* 단단한 저녁을 위한 한마디

Day
19
CHAPTER 1

"작은 성취에도 만족하며 행복을 찾아라"

이 말을 기억하라. 행복힌 생활을 영위하기 위해서는

별로 필요함이 없다는 것을⋯.

아무리 사소한 일의 성공이라 할지라도 만족하라. 그리고

비록 그러한 성과라도 결코 경시할 것이 아니다.

아우렐리우스 *Marcus Aurelius*

(고대 로마의 황제 겸 철학자)

* 나의 감정 상태

* 단단한 저녁을 위한 한마디

"불행은 만족하지 못함에서 시작된다"

한 인간의 불행은 대부분 만족하지 못함에서 온다.

그리고 만족하지 못함은 주로 서두름에서 온다.

그러므로 조금 더 멀리 바라보고 인내한다면

우리는 거기서 행복의 씨앗을 발견할 수 있다.

아우구스티누스 *Saint Augustine*

(고대 로마 철학자 겸 신학자)

* 나의 감정 상태

* 단단한 저녁을 위한 한마디

"말은 생명을 살릴 수도 있고 죽일 수도 있다"

말, 그것으로 인하여 죽은 이를 무덤에서 불러내고,

산 자를 묻을 수도 있다.

말, 그것으로 인하여 소인을 거인으로 만들고,

거인을 철저하게 두드려 없앨 수도 있다.

H. 하이네 *Heinrich Heine*

(독일 작가 겸 평론가)

* 나의 감정 상태

* 단단한 저녁을 위한 한마디

"어떠한 상황에서도 침착하고, 부드러운 말로 대하라"

어떠한 말을 듣거나 일을 당해도 침착함을 잃지 말라.

그리고 모든 장애물에 대해서

인내와 끈기와 부드러운 말로 대하라.

T. 제퍼슨 *Thomas Jefferson*

(미국의 제3대 대통령)

* 나의 감정 상태

* 단단한 저녁을 위한 한마디

"진정한 가치는 오만함이나 평판에 있지 않다"

인간이 가질 수 있는 깃 중 가장 가치가 없는 것은

잘난 체하고 오만한 태도이며,

그다음에는 잘산다는 평판이다.

H. L. 맹컨 *Henry Louis Mencken*

(미국 저널리스트 겸 평론가)

* 나의 감정 상태

* 단단한 저녁을 위한 한마디

"성공은 한걸음씩 쌓아올린 노력의 결과다"

위대한 사람은

단번에 그와같이 높은 곳에 뛰어오른 것이 아니다.

다른 사람들이 밤에 단잠을 잘 때 그는 일어나서

괴로움을 이기고 일에 몰두했던 것이다.

인생은 자고 쉬는 데 있는 것이 아니라

한 걸음 한 걸음씩 걸어 나가는 속에 있다.

로버트 브라우닝 *Robert Browning*

(영국 시인 겸 극작가)

* 나의 감정 상태

* 단단한 저녁을 위한 한마디

"세상은 자신이 보는 것만큼 보인다"

인간은 자기가 보는 만큼의 범위를

세계의 범위로 인식한다.

그것은 마치 자신의 눈에 보이는 대로 땅과 하늘이

지평선에 맞닿아 있다고 착각하는 것과 같다.

쇼펜하우어 *Arthur Schopenhauer*

(독일 철학자)

---

* 나의 감정 상태

* 단단한 저녁을 위한 한마디

"현재에 안주하지 말고, 더 큰 가능성을 향해 나아가라"

자신이 현재 하고 있는 일보다

더 큰 것에 걸맞는 사람이 돼라. 모든 사람이

당신이 더 많은 것을 가지고 있음을 알게 하라.

지금 쓰는 것보다 더 많은 힘을 가지고 있음을 알게 하라.

자신이 현재 점하고 있는 자리보다 더 큰 인물이 아니라면,

당신은 그 자리에 비해 너무 작은 인물이다.

제임스 A. 가필드 *James A. Garfield*

(미국 제20대 대통령)

* 나의 감정 상태

* 단단한 저녁을 위한 한마디

"계획은 삶의 지침이 되고, 무계획은 혼란을 부른다"

매일 아침 하루 일과를 계획하고 그 계획을 실행하는
사람은 극도로 바쁜 미로 같은 삶 속에서 그를 안내할
한 올의 실을 지니고 있는 것이다.
그러나 계획이 서 있지 않고 단순히 우발적으로
시간을 사용하게 된다면, 곧 무질서가 삶을 지배할 것이다.

빅터 위고 *Victor Hugo*
(프랑스 소설가)

* 나의 감정 상태

* 단단한 저녁을 위한 한마디

"미래를 두려워하지 말고 대담하게 전진하라"

사람 앞에 무슨 일이 생길 것인가 묻지 말라.

오직 전진하라. 그리고 대담하게 운명에 부딪쳐라.

이 말에 복종하는 사람은

물새의 등을 타고 물이 흘러버리듯

인생의 파도가 가볍게 뒤로 사라진다.

비스마르크 *Otto von Bismarck*

(독일 정치인 겸 외교관)

* 나의 감정 상태

* 단단한 저녁을 위한 한마디

"욕망을 경계하고, 목표를 명확히 하라"

사람의 욕망은 내버려두면 한이 없다.

끝없는 욕망은 차라리 희망이 없느니만 못하다.

자기의 욕망에 한계를 둔다는 것은

목표를 분명히 가진다는 것이 된다.

희망의 한계를 분명히 갖지 않음으로써

헤매는 사람이 많다.

괴테 *Johann Wolfgang von Goethe*

(독일 철학자 겸 작가)

* 나의 감정 상태

* 단단한 저녁을 위한 한마디

"다름을 인정하고, 보편적 해답은 없음을 받아들여라"

누군가에게는 딱 맞는 신발도

다른 사람의 발은 아프게 할 수 있다.

모든 경우에 다 적용되는 삶의 비결은 존재하지 않는다.

칼 구스타브 융 *Carl Gustav Jung*

(스위스 정신분석심리학자)

* 나의 감정 상태

* 단단한 저녁을 위한 한마디

"독서는 지식을 얻기 위한 깊은 성찰의 과정이다"

빈박하기나 오류를 찾아내려고 책을 읽지 말고,

단지 에피소드를 찾아내려는 목적으로도 읽지 말며,

오직 사색하고 배우기 위하여 읽어라.

베이컨 *Francis Bacon*

(영국 철학자 겸 과학자)

* 나의 감정 상태

* 단단한 저녁을 위한 한마디

"결심은 매일 새롭게 다져야 변하지 않는다"

세상에 태어나서 좋은 생각을

한 번도 품지 않았던 사람은 없다.

다만 그것이 계속되지 않았을 뿐이다. 어제 맨 끈은,

오늘 허술해지기 쉽고 내일은 풀어지기 쉽다.

나날이 다시 끈을 여며야 하듯 사람도 그가 결심한 일은

나날이 거듭해서 여며야 변하지 않는다.

존 스튜어트 밀 *John Stuart Mil*

(영국 철학자 겸 경제학자)

* 나의 감정 상태

* 단단한 저녁을 위한 한마디

2

지혜로운 사랑과 우정

인간 존재의 연결성을 탐구하는 사랑의 진리

사랑받지 못하는 것은 슬프다
그러나 사랑할 수 없는 것은 더욱 슬프다

~

M.D. 우나무노

"사랑은 불완전함을 포용하는 것이다"

사랑하는 사람과 함께 지내기 위한 한 가지 비결이 있다.

상대를 변화시키려고 해서는 안 된다는 것이다.

자기 성질에 안 맞는 결점을 고치려 들면

삽시간에 상대의 행복까지 파괴시키고 말기 때문이다.

J. 샤르돈 *Jacques Chardonne*

(프랑스 소설가)

---

* 나의 감정 상태

* 단단한 저녁을 위한 한마디

"사랑을 나눌수록 남들도 나를 사랑한다"

많이 사랑하면 사랑할수록

남들도 더욱더 나를 사랑한다.

남들이 나를 많이 사랑하면 할수록

나는 남들을 더욱더 쉽게 사랑할 수 있다.

그리하여 사랑은 한이 없는 것이다.

톨스토이 *Leo Tolstoy*

(러시아 사상가 겸 소설가)

* 나의 감정 상태

* 단단한 저녁을 위한 한마디

"사랑은 인간 존재의 본질이자 완전함이다"

사랑에는 나이가 없다.

그것은 어느 때든지 생길 수 있는 것이다.

사랑은 인간의 주성분이다. 인간의 존재와 같이

사랑은 완전무결하게 존재하고 있으며,

무엇 하나 더 보탤 필요가 없는 것이다.

피히테 *Johann Gottlieb Fichte*

(독일 철학자)

* 나의 감정 상태

* 단단한 저녁을 위한 한마디

"사랑은 받는 것이 아니라 주는 것이다"

사랑이란 받는 것이 아니라 주는 것이다.

그것은 향락의 거친 꿈도 아니며 정욕의 광기도 아니다.

또한 사랑이란 선이고 명예이며 평화이고 깨끗한 삶이다.

H. 반 다이크 *Henry Van Dyke*
(미국 작가 겸 목사)

* 나의 감정 상태

* 단단한 저녁을 위한 한마디

"사랑은 타인의 행복을 위해 발휘되는 것이다"

사랑의 감정은 죽음의 공포보다 강하다.

헤엄을 칠 줄 모르는 아버지가 자식이 물에 빠진 것을 보자

즉시 물로 뛰어드는 것은 사랑의 감정이 그렇게 만든 것이다.

사랑은 자기 자신보다 타인의 행복을 위해 발휘되는 것이다.

톨스토이 *Leo Tolstoy*

(러시아 사상가 겸 소설가)

* 나의 감정 상태

* 단단한 저녁을 위한 한마디

"사랑은 인생의 가장 어려운 시험이다"

한 사람이 다른 사람을 사랑하는 것.

이는 모든 일 중 가장 어려운 일이고,

궁극적인 최후의 시험이자 증명이며,

그 외 모든 일은 이를 위한 준비일 뿐이다.

라이너 마리아 릴케 *Rainer Maria Rilke*

(오스트리아 시인 겸 소설가)

* 나의 감정 상태

* 단단한 저녁을 위한 한마디

"진정한 우정은 선물로 사는 것이 아니다"

선물로 친구를 시지마라.

선물을 주지 않으면 그 친구의 사랑도 끝날 것이다.

토마스 풀러 *Thomas Fuller*

(17세기 영국 목사 겸 역사학자)

---

* 나의 감정 상태

* 단단한 저녁을 위한 한마디

"사랑은 나를 웃게 만드는 사람들과 함께하는 것이다"

내가 좋아하거나 존경하는 사람들의

공통분모는 찾을 수 없지만,

내가 사랑하는 사람들의 공통된 특징은 찾을 수 있다.

그들은 나를 웃게 만든다.

W. H. 오든 *William Harold Auden*

(영국 시인)

* 나의 감정 상태

* 단단한 저녁을 위한 한마디

Day

41

CHAPTER 2

"인간의 결속은 이해관계보다 신뢰에 기반한다"

인간을 결속시키는 것은

상호 이해관계보다 상호 신뢰이기 때문이다.

친구 때문에 이득을 얻는 일은 별로 없지만,

안도감은 얻을 수 있다.

결혼도 바로 이와 똑같은 목적을 달성하기 위한 제도이다.

헨리 루이스 멩켄 *Henry Louis Mencken*

(미국 저널리스트 겸 작가)

* 나의 감정 상태

* 단단한 저녁을 위한 한마디

Day
42

CHAPTER 2

"사랑이란 이끌리는 것이 아니라 이끄는 것이다"

사랑이란 애원해서도 안 되고 요구해서도 안 된다.

사랑은 자기 자신 속에서

내적 확신에 이르게 하는 힘을 가져야 한다.

사랑이란 이끌리는 것이 아니라 이끄는 것이다.

헤세 *Hermann Hesse*

(독일 소설가)

* 나의 감정 상태

* 단단한 저녁을 위한 한마디

"사랑과 친절이 외모를 더욱 빛나게 한다"

너그럽고 상냥한 태도,

그리고 사랑을 지닌 마음.

이것은 사람의 외모를 말할 수 없이

아름답게 하는 힘을 지니고 있다.

파스칼 *Blaise Pascal*

(프랑스 철학자 겸 수학자)

* 나의 감정 상태

* 단단한 저녁을 위한 한마디

"사랑 없이는 진리도 본질도 이해할 수 없다"

사랑의 마음 없이는

어떠한 본질도 진리도 파악하지 못한다.

사람은 오직 사랑의 따뜻한 정으로써만

우주의 진리에 접근할 수 있다.

사랑의 마음에는 모든 것이 포근히 안기는 힘이 있다.

사랑은 인간 생활의 최후의 진리이며 최후의 본질이다.

마르셀 슈보브 *Marcel Schwob*

(프랑스 소설가)

* 나의 감정 상태

* 단단한 저녁을 위한 한마디

"충고는 서두르지 말고 신중하게 전달하라"

충고하는 말은 시둘지 말고

조금씩 천천히 내미는 것이 가장 효과적이다.

급하게 서둘러 건네는 충고는 대개 실패로 돌아간다.

루치안 *Lucian of Samosata*

(고대 그리스 작가)

* 나의 감정 상태

* 단단한 저녁을 위한 한마디

"한 사람의 적도 없는 사람을 친구로 삼지 말라"

한 사람의 적도 없는 사람을 친구로 삼지 마라.

그는 중심이 없고 신뢰할 만한 가치가 없는 사람이다.

오히려 분명한 선으로 반대자를 가진 사람이

마음에 뿌리가 있고 믿음직한 사람이다.

알프레드 로드 테니슨 *Alfred Lord Tennyson*

(영국 시인)

* 나의 감정 상태

* 단단한 저녁을 위한 한마디

"자신의 신념을 지키는 것이 좋은 인간관계의 기초다"

시람을 대할 경우에도

상대방의 기분을 너무 염려하지 않는 것이 오히려 좋다.

당신의 신념이 담긴 지속적인 생각을

머리에 두고 대하는 것이 오히려 좋은 처세술이다.

칼 힐티 *Carl Hilty*

(스위스 철학자 겸 작가)

* 나의 감정 상태

* 단단한 저녁을 위한 한마디

"존중하는 행위는 장점을 인정하고 칭찬하는 것이다"

남의 좋은 점을 발견할 줄 알아야 한다.

그리고 남을 칭찬할 줄도 알아야 한다.

그것은 남을 자기와 동등한 인격으로

생각한다는 의미를 갖는 것이다.

괴테 *Johann Wolfgang von Goethe*

(독일의 사상가 겸 소설가)

* 나의 감정 상태

* 단단한 저녁을 위한 한마디

Day

49

CHAPTER 2

"솔직한 의견 표현이 소통의 시작이다"

자기 의사를 남 앞에서 발표 못 하고

주저하고 망설이는 것은 좋은 현상이 아니다.

자기의 의사를 표현하는 것은 모든 자유인의 권리이다.

지나치게 남의 눈치를 보는 것보다는

다소 어리석은 점이 나타나더라도, 자기의 의사를

솔직히 표시하는 것이 사람과 친해지는 방법이다.

호메로스 *Homer*

(고대 그리스 시인)

---

* 나의 감정 상태

* 단단한 저녁을 위한 한마디

"타인의 잘못을 이해하고 용서하라"

남의 잘못에 대해 관대하라.

오늘 저지른 남의 잘못은

어제의 내 잘못이었던 것을 생각하라.

잘못이 없는 사람은 하나도 없다.

완전하지 못한 것이 사람이라는 점을 생각하고

진정으로 대해 주지 않으면 안 된다.

세익스피어 *William Shakespeare*

(영국의 극작가 겸 시인)

* 나의 감정 상태

* 단단한 저녁을 위한 한마디

"충고는 신중히 받아들이되, 자신의 판단을 잃지 마라"

친구의 충고는 신중하게 곱씹어 받아들여야 한다.

옳고 그르건, 자신의 생각을 포기하고

친구의 충고를 무조건 따라서는 안 된다.

피에르 샤롱 *Pierre Charron*

(17세기 프랑스 철학자)

* 나의 감정 상태

* 단단한 저녁을 위한 한마디

"남을 헐뜯지 않으려면 침묵이 최선이다"

멋진 말을 하기는 쉽다.

하지만 남을 헐뜯지 않기 위해서는 침묵만 필요하며

이는 비용이 전혀 들지 않는다.

존 틸럿슨 *John Tillotson*

(17세기 영국 성직자)

* 나의 감정 상태

* 단단한 저녁을 위한 한마디

"쓸데없는 말보다 의미 있는 말을 하라"

침묵하리. 아니면 침묵보다 더 가치 있는 말을 하라.

쓸데없는 말을 하느니 차라리 진주를 위험한 곳에 던져라.

많은 단어로 적게 말하지 말고

적은 단어로 많은 것을 말하라.

피타고라스 *Pythagoras*

(고대 그리스 철학자 겸 수학자)

* 나의 감정 상태

* 단단한 저녁을 위한 한마디

Day

54

"비판은 조용히, 칭찬은 크게 하라"

친구를 책망할 때는 님모르게 하고

칭찬할 때는 공공연히 하라.

헨리 데이비드 소로 *Henry David Thoreau*
(미국 철학자 겸 수필가)

* 나의 감정 상태

* 단단한 저녁을 위한 한마디

"최고의 미덕은 절제된 말과 침묵의 지혜에 있다"

첫 번째 미덕은 혀를 구속하는 것이리 생각한다.
자신이 옳다 하더라도 침묵할 줄 아는 사람이
신에 가장 근접한 사람이다.

마르쿠스 포르키우스 카토 *Marcus Porcius Cato*

(고대 로마 철학자 겸 정치인)

* 나의 감정 상태

* 단단한 저녁을 위한 한마디

3
행복한 가정

사랑의 토대 위에 세워진 존재의 의미

어떤 고생을 하건 어디를 방랑하건
우리의 지친 희망은 평온을 찾아
가정으로 되돌아 온다.

~

골드 스미스

"가정의 따뜻함을 아는 사람은 인생의 빛을 품고 산다"

사람은 저녁 무렵이 되면 가정을 생각한다.

그런 사람은 이미 가정의 행복을 맛본 사람이며

인생의 햇볕을 쬐는 사람이다.

그러므로 가정을 사랑하는 사람은 그 빛으로 꽃을 피운다.

베히슈타인 *Ludwig Bechstein*

(독일 피아노 제작자)

* 나의 감정 상태

* 단단한 저녁을 위한 한마디

"가정의 행복은 마음의 따뜻함에서 시작된다"

가정은 대리석으로 된 방바닥과

금을 박아 넣은 벽이 만드는 것이 아니다.

사랑이 깃들고 우애가 손님이 되는 그런 집이

행복한 가정이다.

A. 반다이크 *Arthur Van Dyke*

(플랑드르 출신의 바로크 화가)

* 나의 감정 상태

* 단단한 저녁을 위한 한마디

"행복한 가정은 주고받는 사랑으로 세워진다"

가정은 행복을 저축하는 곳이지

행복을 캐내는 곳이 아니다.

얻기 위해 이루어진 가정은 반드시 무너지고,

주기 위해 이루어진 가정은 행복하게 된다.

우찌무라 간조 內村 鑑三

(개신교 사상가 겸 사회운동가)

* 나의 감정 상태

* 단단한 저녁을 위한 한마디

"좋은 가정은 인생의 기초가 된다"

훌륭한 부모의 슬하에 있으면

사랑에 넘치는 체험을 얻을 수 있다.

그것은 먼 훗날 노년이 되더라도 없어지지 않는다.

베토벤 *Ludwig van Beethoven*

(독일의 작곡가)

* 나의 감정 상태

* 단단한 저녁을 위한 한마디

"가정의 웃음과 기쁨은 삶에서 가장 소중한 즐거움이다"

이 세상에는 여러 가지 기쁨이 있지만,

그 가운데에서 가장 빛나는 기쁨은 가정의 웃음이다.

그다음의 기쁨은 어린이를 보는 부모의 즐거움인데,

이 두 가지의 기쁨은 사람의 가장 성스러운 즐거움이다.

페스탈로치 *Johann Heinrich Pestalozzi*

(스위스 교육사상가)

* 나의 감정 상태

* 단단한 저녁을 위한 한마디

"부모는 자녀를 통해 미래를 만들어가는 사람들이다"

자식을 기르는 부모야말로 미래를 돌보는 사람이라는 것을
가슴속 깊이 새겨야 한다. 자식들이 조금씩 나아짐으로써
인류와 이 세계의 미래는 조금씩 진보하기 때문이다.

칸트 *Immanuel Kant*

(독일 철학자)

* 나의 감정 상태

* 단단한 저녁을 위한 한마디

"부모가 되는 일보다 중요한 직업은 없다"

내가 이미 수천 빈도 넘게 말했지만,

나는 이 자리에서 한 번 더 말하고 싶다.

세상에서 부모가 되는 일보다

더 중요한 직업은 없다.

오프라 윈프리 *Oprah Winfrey*

(미국 방송인)

* 나의 감정 상태

* 단단한 저녁을 위한 한마디

Day

63

"어머니의 품은 가장 아름다운 안식처다"

두 팔에 자식을 안고 있는

어머니를 보는 것처럼 매력 있는 일은 없다. 그리고

여러 자식에게 둘러싸인 어머니처럼 존귀한 것은 없다.

괴테 *Johann Wolfgang von Goethe*

(독일 작가 겸 사상가)

* 나의 감정 상태

* 단단한 저녁을 위한 한마디

"타인에게 행복을 주는 것이 곧 나의 행복이다"

남에게 어떠한 행동을 하였느냐에 따라 그 사람의 행복도 결정된다. 남에게 행복을 주려고 했다면 그만큼 자신에게도 행복이 온다. 자녀가 맛있는 것을 먹는 것을 보고 어머니는 행복을 느낀다. 자기 자식이 좋아하는 모습은 어머니의 기쁨이기도 하다. 그리고 이 이치는 부모나 자식 사이에만 적용되는 것이 아니다.

플라톤 *Plato*

(고대 그리스 철학자)

* 나의 감정 상태

* 단단한 저녁을 위한 한마디

"가정의 따뜻함은 훌륭한 부모의 손길에서 시작된다"

내 집이 이 세상에서 가장 따뜻한 보금자리라는 인상을
어린이에게 줄 수 있는 어버이는 훌륭한 부모이다.
어린이가 자기 집을 따뜻한 곳으로 알지 못한다면 그것은
부모의 잘못이며, 부모로서 부족함이 있다는 증거이다.

워싱턴 어빙 *Washington Irving*
(미국 작가 겸 역사학자)

* 나의 감정 상태

* 단단한 저녁을 위한 한마디

"부모는 자녀가 멀리 날 수 있도록 지탱하는 활이다"

당신은 당신의 아이들이라는 화살을 쏘기 위해 있어야 할

활과 같은 존재이다. 화살이 잘 날아갈 수 있도록

활이 잘 지탱해 주어야만 화살이 멀리,

정확히 날아갈 수 있는 법이다.

칼릴 지브란 *Khalil Gibran*

(레바논 출신 시인 겸 철학자)

* 나의 감정 상태

* 단단한 저녁을 위한 한마디

.

"부모의 사랑은 자식을 위한 무한한 헌신이다"

부모의 사랑은 내려길 뿐이고 올라오는 법이 없다. 즉,
사랑이란 내리사랑이므로 자식에 대한 부모의 사랑은
자식의 부모에 대한 사랑을 능가한다.

C. A. 엘베시우스 *Charles-Étienne Arthur Elbe*
(프랑스 작가 겸 철학자)

* 나의 감정 상태

* 단단한 저녁을 위한 한마디

"어머니의 사랑은 출산의 경험으로 인해 더욱 특별하다"

어머니가 아버지보다 자식에 대해

더 깊은 애정을 갖는 이유는

어머니는 자식을 낳을 때의 고통을 겪기 때문에

자식이란 절대적으로 자기 것이라는 마음이

아버지보다 강하기 때문이다.

아리스토텔레스 *Aristotle*

(고대 그리스 철학자)

* 나의 감정 상태

* 단단한 저녁을 위한 한마디

"가족의 사랑은 인생에서 가장 소중한 배움이다"

이 세상에 태어나 우리가 경험하는 가장 멋진 일은

가족의 사랑을 배우는 것이다.

조지 맥도날드 *George MacDonald*

(스코틀랜드 소설가)

---

* 나의 감정 상태

* 단단한 저녁을 위한 한마디

"가정은 안식처이자 사랑과 성장의 터전이다"

가정이야말로 고달픈 인생의 안식처요

모든 싸움이 자취를 감추고 사랑이 싹트는 곳이요

큰 사람이 작아지고 작은 사람이 커지는 곳이다.

하버트 조지 웰스 *Herbert George Wells*

(영국 소설가 겸 역사학자)

* 나의 감정 상태

* 단단한 저녁을 위한 한마디

"미움이 있으면 넓은 공간도 답답하다"

부부가 진정으로 사랑하고 있으면

칼날만 한 침대에 누워도 잘 수 있지만,

서로 미워하면 6미터나 되는 넓은 침대도 비좁기만 하다.

탈무드 *Talmud*

(유대교의 경전)

* 나의 감정 상태

* 단단한 저녁을 위한 한마디

Day
72

CHAPTER 3

"어머니는 세상의 신비를 가르치는 첫 스승이다"

선(善)의 씨를 내 가슴에 심어준 분은 어머니였고,

자연계의 신비에 내 마음을 열어준 것도 어머니였다.

그리고 관념 세계의 눈을 뜨게 해주고 넓혀준 것도

어머니였다.

칸트 *Immanuel Kant*

(독일 철학자)

* 나의 감정 상태

* 단단한 저녁을 위한 한마디

Day
73

CHAPTER 3

"가정의 따뜻한 빛 속에서 인생은 꽃을 피운다"

저녁 무렵 자연스럽게 가정을 생각하는 사람은

가정의 행복을 맛보고 인생의 햇볕을 쬐는 사람이다.

그는 그 빛으로 아름다운 꽃을 피운다.

베히슈타인 *Ludwig Bechstein*

(독일의 작가 겸 민속학자)

* 나의 감정 상태

* 단단한 저녁을 위한 한마디

"부모님의 헌신에 늘 감사하는 마음을 가져라"

부모가 사랑하면 기뻐하여 잊지 말고,

부모가 미워하더라도 송구스럽게 생각하여

원망하지 않아야 하며, 부모에게 잘못이 있거든

부드럽게 간하여 거역하지 말아야 한다.

증자 曾子

(중국 춘추시대 유학자 겸 사상가)

* 나의 감정 상태

* 단단한 저녁을 위한 한마디

"교육과 돌봄의 부족은 부모의 책임이다"

밭이 있어도 갈지 않으면 창고는 비게 되고,

책이 있어도 가르치지 않으면 자손은 우매해진다.

창고가 비면 세월을 지내기가 구차하게 되고,

자손이 우매하면 예의에 소홀하게 된다.

오직 갈지 않고 가르치지 않음은 곧 부모의 허물이다.

백낙천 白樂天 ————

(중국 당나라 시인)

* 나의 감정 상태

* 단단한 저녁을 위한 한마디

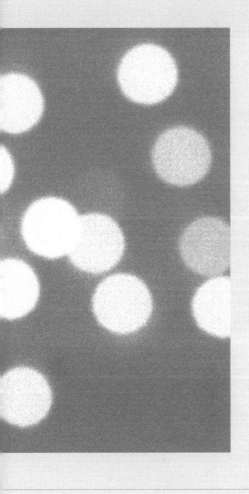

4
마음이 행복한 부자

내적 만족이 물질적 풍요를 초월하는 순간

부는 분뇨와 같아서
쌓여 있으면 악취를 풍기지만
뿌려지면 흙을 기름지게 한다.

~

톨스토이

"자기희생이 진정한 가치를 만든다"

비누는 쓸수록 물에 녹아 없어지는

하찮은 물건이지만 때를 씻어준다.

물에 잘 녹지 않는 비누는 좋은 비누가 아니다.

자기를 희생하여 사회를 위하여 일하고자 하지 않고,

자기의 힘을 아끼는 자는 나쁜 비누와 같다.

워나메커 *John Wanamaker*

(미국 사업가 겸 정치인)

* 나의 감정 상태

* 단단한 저녁을 위한 한마디

Day

77

CHAPTER 4

"상황을 바꿀 수 없다면, 마음가짐을 바꾸라"

뜨겁다고 투덜거리고 괴로워하지 말라. 비록

뜨겁더라도 괴로워하는 마음을 없애면 저절로 시원해진다.

가난을 슬퍼하여도 가난이 없어지지 않는다.

슬퍼하지 않는다면 가난도 즐겁다.

채근담 菜根譚

(홍응명이 저술한 어록)

* 나의 감정 상태

* 단단한 저녁을 위한 한마디

"적당한 부족함은 삶의 기쁨을 더욱 풍부하게 만든다"

무엇이나 풍부한 것이 반드시 좋은 것은 아니다.

더 바랄 것이 없을 정도로 풍족하다고 해서

그만큼 기쁨이 큰 것은 아니다. 부족한 듯한 여백,

그 여백이 도리어 기쁨의 샘이 된다.

파스칼 Blaise Pascal

(프랑스 철학자 겸 물리학자)

* 나의 감정 상태

* 단단한 저녁을 위한 한마디

"멋진 인생은 자기 존중에서부터 시작된다"

멋진 인생을 만드는 첫걸음은

바로 자신을 존경하는 것이다.

니체 *Friedrich Nietzsche*

(독일 철학자)

* 나의 감정 상태

* 단단한 저녁을 위한 한마디

"부는 누군가의 희생 위에 세워진다"

가령 큰 재물이 있다면 반드시 큰 불평등이 있다.

한 사람의 부자가 있기 위해서는

5백 명의 가난한 사람이 있어야 하기 때문이다.

아담 스미스 *Adam Smith*

(스코틀랜드 경제학자 겸 철학자)

* 나의 감정 상태

* 단단한 저녁을 위한 한마디

"미래를 염려하지 말고, 오늘의 지혜로 내일을 대비하라"

미래를 생각하며 괴로워하지 말라.

필요하다면 현재의 쓸모 있는 지성의 칼로써

충분히 미래를 향해 서라.

아우렐리우스 *Marcus Aurelius*

(로마 제국 황제 겸 철학자)

* 나의 감정 상태

* 단단한 저녁을 위한 한마디

"큰 변화를 경험한 자에게는 희망이 있다"

장래는 거의 모든 사람에게 있어 불확실한 것 같다.

그렇다고 새삼스러운 일은 아니다. 큰 변화를 겪어 왔던

사람에게는 또 큰 희망도 있을 것이다.

J. 메이스필드 *John Masefield*

(영국 시인)

* 나의 감정 상태

* 단단한 저녁을 위한 한마디

"희망은 고통을 견디고 극복하는 과정에서 찾아온다"

인생은 평화와 행복만으로 시종힐 수는 없다.

괴로움이 필요하다.

그리고 노력이 필요하고 투쟁이 필요하다.

괴로움을 두려워 말고 슬퍼하지도 말라.

참고 견디며 이겨 나가는 것이 인생이다.

인생의 희망은 늘 괴로운 언덕길 너머에서 기다리고 있다.

P. 베를렌 *Paul Verlaine*

(프랑스 시인)

* 나의 감정 상태

* 단단한 저녁을 위한 한마디

"나 자신을 위해 살아야 할 때이다"

남을 위해 사는 것은 이제 그만하면 됐디.

얼마 안 남았지만 조금 남은 인생은

나 자신을 위해서 살지 않겠는가.

몽테뉴 *Michel de Montaigne*

(프랑스 철학자)

* 나의 감정 상태

* 단단한 저녁을 위한 한마디

"자기 인식은 삶을 규율하는 데 필수적이다"

인간은 자기 자신을 알아야 한다. 그것은 비록
진리를 발견하는 데는 도움을 주지 않는다 하더라도
최소한 자기의 생활을 율(律)하는 데는 도움을 준다.

파스칼 *Blaise Pascal*
(프랑스 수학자 겸 철학자)

* 나의 감정 상태

* 단단한 저녁을 위한 한마디

"실패와 고난은 결국 나 자신의 선택에 있다"

나의 실패와 몰락에 대해서 책망할 사람은

나 자신 이외에는 아무도 없다.

내가 내 자신의 최대의 적이며,

나 자신의 비참한 운명의 원인이었던 것이다.

나폴레옹 *Napoléon Bonaparte*

(프랑스 군인 겸 황제)

* 나의 감정 상태

* 단단한 저녁을 위한 한마디

"자신을 사랑하는 것이 더 중요하다"

우연하게 접촉하는 사람들의 마음에만 드는 것보다는

자기 자신의 마음에 드는 것이 더욱 필요하다.

M. 드 피랑 *Marquis de Piran*

(프랑스 철학자 겸 시인)

* 나의 감정 상태

* 단단한 저녁을 위한 한마디

"인간은 자기 마음과 끊임없이 싸운다"

인간에게는 세 가지 싸움이 있다.

첫째는 인간과 자연과의 싸움이요,

둘째는 인간과 사회와의 싸움이요,

셋째는 인간과 마음과의 싸움이다.

빅토르 위고 *Victor Hugo*

(프랑스 시인 겸 소설가)

---

* 나의 감정 상태

* 단단한 저녁을 위한 한마디

"인생은 매일 새롭게 쓰는 한 권의 책이다"

인생은 한 권의 책이다. 우리는 태어나서 죽을 때까지

매일 그 한 페이지 한 페이지를 창작한다.

메테르링크 *Maurice Maeterlinck*

(벨기에 시인 겸 극작가)

* 나의 감정 상태

* 단단한 저녁을 위한 한마디

"자연의 경이로움이 삶의 가치를 만든다"

만일 인생이 경이로 가득 차 있지 않다면
인생은 살만한 값어치가 없을 것이다. 아침에 일어나
창가로 가서 먼동이 트는 것을 바라보면서, 지난날의 나의
모든 생활 습관을 떨쳐 버리고 새 생활로 나를 초대하는
새로운 자연의 비밀을 발견하곤 한다.

에머슨 *Ralph Waldo Emerson*
(미국 사상가 겸 시인)

---

* 나의 감정 상태

* 단단한 저녁을 위한 한마디

"인생은 영적 성장의 학교이다"

인생은 하나의 학교다. 하나의 준비다. 하나의 목적이다.

만일 우리가 이 지상의 학교에서 교육을 받지 못하면

천상의 학교를 졸업할 수 없다.

알프레드 로드 테니슨 *Alfred Lord Tennyson*

(영국 시인)

* 나의 감정 상태

* 단단한 저녁을 위한 한마디

"인생은 한 번만 읽는 소중한 책이다"

인생은 한 권의 책과 같다.

어리석은 사람은 아무렇게나 책장을 넘기지만

현명한 사람은 공들여 읽는다. 왜냐하면, 그들은

단 한 번밖에 그 책을 읽지 못한다는 사실을

알고 있기 때문이다.

J. 파울 *Johann Paul*

(독일 작가)

* 나의 감정 상태

* 단단한 저녁을 위한 한마디

"사람을 판단할 때는 말보다 행동을 우선시하라"

사람을 판단하는 데는 그가 하는 말보다

행동에 따르는 것이 더 낫다.

왜냐하면 행동은 좋지 않으면서

말은 그럴듯하게 하는 사람이 많기 때문이다.

클라우디우스 *Claudius*

(고대 로마 황제)

* 나의 감정 상태

* 단단한 저녁을 위한 한마디

"자신을 알아가는 것은, 자신의 삶을 스스로 이끄는 것이다"

자신을 인식하라는 것은 자신을 관찰하라는 말이 아니다.

이는 자신을 자기 행동의 주인이 되게 하라는 뜻이다.

카프카 *Franz Kafka*

(오스트리아 소설가)

* 나의 감정 상태

* 단단한 저녁을 위한 한마디

"감사는 행동으로 나누어야 진정한 의미가 있다"

사람은 고맙다는 말만 가지고 은혜를 갚지 못한다.

다른 사람에게 같은 은혜를 베풂으로써 갚아진다.

A. 모로 *Alfredo Mauro*

(이탈리아 작가)

* 나의 감정 상태

* 단단한 저녁을 위한 한마디

"재능이 있어도, 근면이 없으면 성공은 없다"

만일 여러분이 위대한 재능을 갖고 있다면,
근면은 이들 재능을 더욱 진보시킬 것이다. 그러나
만일 평범한 재능밖에 갖고 있지 않을 경우에도
근면은 이들 재능의 결점을 보충해 줄 것이다.

J. 레이놀즈 *John Reynolds*
(영국 작가 겸 교육자)

* 나의 감정 상태

* 단단한 저녁을 위한 한마디

"외부를 바라보지 말고, 내 안의 보물에 집중하라"

산속에서 보물을 찾기 진에,

먼저 네 두 팔에 있는 보물을 충분히 이용하도록 하라.

그대의 두 손이 부지런하다면

그 속에서 많은 것이 샘솟듯 솟아 나올 것이다.

스탕달 *Stendhal*

(프랑스 소설가 겸 비평가)

* 나의 감정 상태

* 단단한 저녁을 위한 한마디

"욕심을 줄이면 마음이 편하다"

마음속에 욕심이 있는 자는 찬 연못 속에서도 끓고,

깊은 숲속에서도 고요함을 느끼지 못한다.

마음속이 비어 있는 자는

무더위 속에서도 서늘한 기운이 생기고,

시장 속에서도 시끄러움을 모른다.

채근담 菜根譚

(홍응명이 저술한 어록)

---

* 나의 감정 상태

* 단단한 저녁을 위한 한마디

"좋은 사람에게서 배우고, 나쁜 사람에게서 반성하라"

당신이 훌륭한 사람을 만났을 때는 그 훌륭한 사람의 덕을

자기 자신도 가지고 있는가 생각해 보라.

그리고 나쁜 사람을 만났을 때는 그 나쁜 사람이 지은 죄가

자기에게도 있지 않은가 돌아보라.

M. 세르반테스 *Miguel de Cervantes*

(스페인 소설가)

* 나의 감정 상태

* 단단한 저녁을 위한 한마디

"행복은 자기 성찰에서 시작된다"

만일 당신이 불행하기나 불행하다는 의식이 있으면

가슴에 손을 얹고 당신의 인생관이나

세계관을 반성해 볼 필요가 있다.

당신의 도덕관이나 윤리관이 어떠한지 살펴보아야 한다.

그리고 매일 매일의 생활 습관도 살펴보라. 아마 틀림없이

불행의 주요 원인이 그 속에 들어있을 것이다.

B. 러셀 *Bertrand Russell*
(영국 수학자 겸 철학자)

* 나의 감정 상태

* 단단한 저녁을 위한 한마디

"내 감정과 생각은 아무도 대신할 수 없다"

내 머리에 모자를 쓸 수 있는 것은 나뿐이다.

마찬가지로 나 대신 생각할 수 있는 사람은 아무도 없다.

비트겐슈타인 *Ludwig Wittgenstein*

(오스트리아 출신의 철학자)

216

* 나의 감정 상태

* 단단한 저녁을 위한 한마디

"애정은 변하기 쉬우니, 한 사람에게만 집중하지 마라"

애정이 한 사람에게 너무 집중되는 것을 그대로 두는 것은

위험한 일이다. 애정이란 언제나 좌절당하기 쉽고

인생 자체는 덧없는 것이니까.

러셀 *Bertrand Russell*

(영국 철학자 겸 수학자)

* 나의 감정 상태

* 단단한 저녁을 위한 한마디

"떳떳하게 말할 수 없는 일은 하지 말라"

떳떳하게 남에게 말할 수 없는 일은 생각하지 말라.

어떤 유혹에 사로잡히거든

남이 알아도 그 일을 할 수 있을까

스스로 따져 보아라. 그 답이 부정적이거든

그것이 그릇된 일인 줄 알아라.

T. 제퍼슨 *Thomas Jefferson*

(미국 정치인 겸 대통령)

* 나의 감정 상태

* 단단한 저녁을 위한 한마디

5
영혼의 안식처

자아의 깊이를 탐구하는 지혜의 안식처

행복한 날에는 즐기고
불행한 날에는 생각하라
신은 이 두 가지를 섞어준다.

~

구약 전도서

"여행은 인간에게 겸허함을 깨닫게 한다"

여행은 인간을 겸허하게 합니다.

세상에서 인간이 차지하고 있는 입장이 얼마나

하찮은가를 두고두고 깨닫게 하기 때문입니다.

G. 플로베르 *Gustave Flaubert*

(프랑스 소설가)

* 나의 감정 상태

* 단단한 저녁을 위한 한마디

Day
105

CHAPTER 5

“여행은 신선한 경험과 통해 삶의 풍요로움을 더한다”

여행하는 것은 많은 이익이 있다. 그것은 신선함을
마음에, 놀라운 일에 대한 견문, 새로운 도시를 보는 기쁨,
모르는 친구와 만나는 것, 고결한 예법의 습득이다.

사디 *Jean de La Rochefoucauld*

(프랑스 작가)

---

* 나의 감정 상태

* 단단한 저녁을 위한 한마디

"여행은 자유를 주고, 일상의 제약에서 벗어나게 한다"

여행의 진수는 자유에 있다. 마음대로 생각하고 느끼고

행동할 수 있는 완전한 자유에 있다.

우리가 여행하는 주된 이유는 모든 장애와 불편에서

풀려나기 위해서다. 자신을 뒤에 남겨 두고

딴사람들을 떼어 버리기 위해서다.

W. 해즐릿 *William Hazlitt*

(영국 에세이스트 겸 비평가)

---

* 나의 감정 상태

* 단단한 저녁을 위한 한마디

"마음의 침묵은 진정한 휴식의 시작이다"

마음속에서도 침묵을 지켜라.

신체의 고통을 초래하는 것처럼

생각은 마음의 고통을 가져온다.

생각이 많으면 몸이 피로한 것처럼 마음속의 말도

사람을 피로하게 한다. 진정한 침묵은 마음의 휴식이다.

그것은 수면이 신체에 휴식을 주고

기운을 회복시켜 주는 것과 같다.

W. 펜 *William Penn*

(영국 퀘이커 운동 지도자)

* 나의 감정 상태

* 단단한 저녁을 위한 한마디

Day
108

CHAPTER 5

"위대한 책은 마음의 평온과 시간의 흔적을 담고 있다"

위대한 책의 평온이 너의 것이니라.

클로버 눌렀던 자국이 갈피에 남았고,

햇볕에 바랜 세월의 흔적이 가죽 표지에 담겨져 있다.

C. 샌드버그 *Carl Sandburg*

(미국 시인 겸 저널리스트)

* 나의 감정 상태

* 단단한 저녁을 위한 한마디

책은 내가 인간 속에서 보지 못하고 알지도 못했던 것을,

인간에 대해서 나에게 실증해 주는 힘을 갖고 있다.

M. 고리키 *Maksim Gorky*

(러시아 소설가)

* 나의 감정 상태

* 단단한 저녁을 위한 한마디

"책은 마음을 자유롭게 하는 힘을 가지고 있다"

책이란 것은 인간의 영혼을 번민하게 하고, 또한

마음을 성나게 하는 온갖 종류의 이미지를 도피시켜 주는

마법의 움직임이라고 정의하고 싶다.

A. 프랑스 *Anatole France*

(프랑스 소설가)

* 나의 감정 상태

* 단단한 저녁을 위한 한마디

"진정한 행복은 마음의 올바름과 지혜에서 온다"

인간들이 행복한 것은 몸이나 돈에 의하는 깃은 아니고

마음의 올바름과 지혜의 많음에 의한다.

데모크리토스 *Democritus*

(고대 그리스 철학자)

* 나의 감정 상태

* 단단한 저녁을 위한 한마디

"잘 보낸 인생은 행복한 죽음을 가져온다"

잘 지낸 하루가 행복한 잠을 이루게 하는 것처럼,

잘 보낸 인생은 행복한 죽음을 가져온다.

레오나르도 다 빈치 *Leonardo da Vinci*

(이탈리아 화가)

* 나의 감정 상태

* 단단한 저녁을 위한 한마디

Day
113

CHAPTER 6

"참된 삶은 속죄가 아닌 존재 자체로 의미를 가진다"

나는 속죄하는 삶이 아니라 참된 삶을 살고 있다.

나의 삶은 그 자체로 존재하는 것이지,

보여주기 위해 있는 것은 아니다.

에머슨 *Ralph Waldo Emerson*

(미국 사상가 겸 시인)

* 나의 감정 상태

* 단단한 저녁을 위한 한마디

"자신의 노력과 성과를 과소평가하지 마라"

우리는 살면서 스스로 자신을 게으르다고
생각할 때가 있다. 그런데 가만히 돌이켜보면 실제로는
많은 일들이 이루어졌으며
우리가 벌인 일들이 꽤 많다는 것을 알게 된다.

에머슨 *Ralph Waldo Emerson*
(미국 사상가 겸 시인)

* 나의 감정 상태

* 단단한 저녁을 위한 한마디

"현재를 소중히 여기고 진정한 지혜를 찾아라"

지금 이 순간을 잘 마무리하고,

길 위에 놓는 한 걸음 한 걸음에서 여행의 목적을 발견하고,

될 수 있으면 유익한 시간을 많이 갖는 것,

이것이야말로 진정한 지혜다.

에머슨 *Ralph Waldo Emerson*

(미국 사상가 겸 시인)

* 나의 감정 상태

* 단단한 저녁을 위한 한마디

"마음의 안정을 찾고 모두에게 진실하게 대하라 "

마음의 안정을 찾아라.

슬기롭게 오늘을 우리 자신의 것으로 만들어라.

남자든 여자든 구분 없이 잘 대해 주어라,

또한 그들을 진실한 인간으로 대하라.

그러면 정말로 진실한 인간이 될 것이다.

에머슨 *Ralph Waldo Emerson*

(미국 사상가 겸 시인)

* 나의 감정 상태

* 단단한 저녁을 위한 한마디

"자연은 인간 영혼의 신성함을 비추는 거울이다 "

인간은 타락했지만, 지연은 언제나 똑바로 시시
인간이 아직 신성한 감정을 가지고 있는지 없는지를
살피는 특이한 온도계로서 봉사한다.

에머슨 *Ralph Waldo Emerson*

(미국 사상가 겸 시인)

* 나의 감정 상태

* 단단한 저녁을 위한 한마디

"영혼은 진리를 탐구하고, 선을 실현하며, 사랑을 완성한다"

영혼이 인간의 지성을 통해 생기를 불어넣으면

그것이 천재다.

영혼이 의지를 통해 생기를 불어넣으면 그것이 덕이다.

영혼이 인간의 감정을 통해 충만하면 그것이 사랑이다.

에머슨 *Ralph Waldo Emerson*

(미국 사상가 겸 시인)

* 나의 감정 상태

* 단단한 저녁을 위한 한마디

"목표를 달성시킨다고 생각하며 살라"

삶이 고단하고 힘들다고 죽으려 하지 말라.
어깨에 진 짐이야말로 인간의 목표를 달성시키는데
도움이 될 것이다. 짐을 벗어버리는 유일한 길은
목표를 달성시킨다고 생각하며 살아가는 것이다.

에머슨 *Ralph Waldo Emerson*

(미국 사상가 겸 시인)

* 나의 감정 상태

* 단단한 저녁을 위한 한마디

"의지가 운명을 만든다"

사람이 사람다울 수 있는 힘은 그의 의시에 있는 것이시

재능이나 이해력에 있는 것이 아니다. 아무리 재능이 많고

이해력이 풍부하더라도 실천력이 없으면

아무 일도 할 수 없기 때문이다.

의지가 운명을 만든다.

에머슨 *Ralph Waldo Emerson*

(미국 사상가 겸 시인)

* 나의 감정 상태

* 단단한 저녁을 위한 한마디

나를 단단하게 만드는
저녁 한 문장 필사

초판 1쇄 펴낸날 2025년 1월 02일

지은이   김한수
펴낸이   이종근
펴낸곳   도서출판 하늘아래

주소   경기도 고양시 일산동구 하늘마을로 57- 9 3층 302호
전화   (031) 976-3531
팩스   (031) 976-3530
이메일   haneulbook@naver.com
등록번호   제300-2006-23호

ISBN 979-11-5997-107-5 (04190)
ISBN 979-11-5997-105-1 (세트)